Serge-Faustin YOMI

L'autre regard

Serge-Faustin YOMI

L'autre regard

Un art de s'adresser aux autres en se parlant à soi-même Préface de Mgr Jacques Ahiwa Assanvo, Archevêque de Bouaké

Éditions Croix du Salut

Imprint
Any brand names and product names mentioned in this book are subject to trademark, brand or patent protection and are trademarks or registered trademarks of their respective holders. The use of brand names, product names, common names, trade names, product descriptions etc. even without a particular marking in this work is in no way to be construed to mean that such names may be regarded as unrestricted in respect of trademark and brand protection legislation and could thus be used by anyone.

Cover image: www.ingimage.com

Publisher:
Éditions Croix du Salut
is a trademark of
Dodo Books Indian Ocean Ltd. and OmniScriptum S.R.L publishing group

120 High Road, East Finchley, London, N2 9ED, United Kingdom
Str. Armeneasca 28/1, office 1, Chisinau MD-2012, Republic of Moldova, Europe
Managing Directors: Ieva Konstantinova, Victoria Ursu
info@omniscriptum.com

Printed at: see last page
ISBN: 978-620-2-48261-5

Serge-Faustin Yomi

RECUEIL DE PENSÉES

L' AUTRE REGARD,
UN ART DE S' ADRESSER AUX AUTRES EN SE PARLANT À SOI-MÊME

DÉDICACE

À la mémoire de :

- maman Beindjé Baya Marie Jeannette ;
- ma sœur, Yomi Nathanaëlle, arrachée trop tôt à notre affection ;
- mon frère, Kouma Michaël, le Londonien, disparu imprévisiblement ;
- mon filleul, Kouassi Axel, disparu très tôt.

Requiescat in pace.

REMERCIEMENTS

Merci infini à toutes celles et tous ceux qui ont travaillé à la réalisation de ce projet. Je pense particulièrement ici à :

- Sena Marie-Thérèse Faustine SAHOU ;
- Kouassi Kouassi HEREKA ;
- Eliézer Nanoque Sahy GONDO ;
- Béatrice Adji Epse YAO ;
- Serges TRAORE ;
- Fred-Urbain Soffo BRANGO ;
  et
- Dr Simon Kouman KOUASSI.

AVANT-PROPOS

Le Catéchisme de l'Église Catholique enseigne que Dieu ne permet rien si on ne peut en tirer un plus grand bien (Cf. CEC, 324). Dans mon cas, Dieu a permis que je traverse une situation qui m'a profondément touché, au point de m'inciter à y répondre par l'écriture. Ainsi, j'ai pris l'initiative, le 12 février 2022, d'écrire des pensées incarnées dans l'expérience humaine et chargées de sens. J'ai également décidé de les publier sur mon réseau social. Ces publications ont porté le nom de « L'autre regard de Serge-Faustin Yomi ».

Pendant un peu plus de deux ans, j'ai essayé de suggérer des réponses concrètes à des faits, de prodiguer des conseils pour surmonter des situations parfois complexes, de partager des points de vue sur la reprise en main de sa vie, de fournir des éléments de motivation pour avancer dans la vie, d'ajuster une certaine compréhension (erronée) du rapport à Dieu et à autrui, etc.

Suite aux nombreux retours positifs reçus, j'ai décidé aujourd'hui de rassembler ces pensées, fruit de ma méditation quotidienne, de mon expérience de l'Invisible ainsi que de la vie, de mes lectures et de mon sens de l'observation, dans un recueil en vue de toucher un public plus large.

J'ose espérer que « L'autre regard, un art de s'adresser aux autres en se parlant à soi-même », qui n'est pas un simple point de vue (moralisateur), mais celui d'un homme solidaire de son époque, cherchant à partager une vision parfois éprouvée, saura trouver un écho favorable chez vous.

PRÉFACE

La vie est une somme d'expériences bonnes et mauvaises, un univers dans lequel cohabitent le bon grain et l'ivraie, le bien et le mal, le plaisir et la souffrance. Elle est un parcours fait de chutes et de relèvements, de joies et de peines, d'échecs et de réussites, de défaites et de victoires. Mais surtout, la vie est une projection dans l'horizon portée par l'espérance. Le « recueil de pensées » que nous propose le Révérend Père Serge-Faustin Yomi tire sa source dans cet insondable trésor de la vie réellement vécue et expérimentée. Il n'est pas toujours facile de se livrer en ouvrant aux autres les secrets de son cœur façonné par le mouvement de la vie. Mais le jeu en valait la chandelle pour notre auteur ; parce que comme il le dit lui-même en conclusion à son œuvre, « la question est de savoir ce que je veux réellement communiquer lorsque je me mets à écrire. Je crois que c'est ce que la vie m'a offert en termes d'expériences, d'apprentissage, de connaissances et de compréhensions partielles, et que je pense pouvoir être utile ne serait-ce qu'à une tierce personne. »

En cela le projet est noble. Il est charitable. En se parlant à lui-même, le Père Serge nous parle, il parle au cœur de chacun. Derrière le condensé de pensées bien méditées et muries, il nous partage son expérience, pas toujours rose, mais ensoleillée par la lumière de la foi au Christ entretenue dans une profonde intimité avec lui. Chaque pensée rejoint chacun dans sa marche et devient un conseil avisé sur les chemins de la vie. Plus qu'un recueil de pensées, simple assemblage de réflexions théoriques, ce livre propose au lecteur, non seulement un condensé de sagesse humaine, mais surtout un véritable itinéraire spirituel, fruit de sa propre traversée de la vie, tenu en trois grandes parties qui portent sur la relation à Dieu, la relation à soi et aux autres et la relation à soi-même pour explorer les potentialités dont chacun regorge. En cela, ce livre nous entraine dans une sorte de « retraite spirituelle » où chaque pensée doit être méditée en vue d'un ressourcement intérieur dans la foi au Christ en qui tout prend sens et se récapitule.

Je remercie le Père Serge d'avoir osé se livrer à cet exercice pour nous offrir ce joyau qui, j'en suis sûr, pourra aider plus d'un à mieux se repositionner sur les chemins de la vie et à reprendre goût à la vie surtout dans la confrontation avec les inévitables écueils de la vie. Par ailleurs, j'invite toute personne qui rencontre ce livre sur son chemin à ne pas détourner le regard, mais à se laisser attirer par lui, il y découvrira certainement l'une ou l'autre réponse aux nombreuses questions qu'il se pose au cœur des incompréhensions de la vie pour y trouver réconfort et paix du cœur.

Mgr Jacques Assanvo AHIWA
Archevêque de Bouaké

INTRODUCTION

Le droit à la parole n'a jamais été autant exercé dans la société humaine que ces dernières années. Cette période est marquée par l'essor exponentiel des réseaux sociaux qui ont permis l'expression d'une grande diversité d'opinions. La parole est désormais libérée. Dans un tel contexte, on entend de tout. Certains se racontent parfois avec complaisance. Heureusement, d'autres se distinguent par la qualité de leurs contributions et par la manière de communiquer leurs idées. Leurs paroles ont, en effet, le mérite de construire, de réparer, de réconforter, de guider, etc. Ainsi, leurs discours sont appréciés et attendus. Bien qu'il existe encore des personnes qui préfèrent se taire, il reste indéniable qu'elles écoutent volontiers ceux et celles qui s'expriment avec joie et passion.

Nous comprenons, à travers la situation actuelle de notre société, que chacun et chacune souhaitent exercer leur droit respectif de porter leur regard et exposer leur point de vue personnel sur la vie et les événements qui s'y déroulent. Et cela est légitime. Bien au-delà de cette tendance à vouloir s'exprimer sur tout et sur rien, il est important d'y reconnaître et d'y lire la manifestation de la vérité qui souligne qu'une perception objective de la vie et des situations qui s'y déroulent nécessite inévitablement divers points de vue. Sinon, il y a un risque de se retrouver enfermé dans un système de pensée unique qui finit par être idolâtré.

Pour éviter un tel danger, il est essentiel de permettre à d'autres perspectives de s'exprimer librement afin que s'opère ce que François Julien appelle la « dé-coïncidence[1] », qui est le fait de défaire les coïncidences (idéologiques) qui se sont figées, en vue de les ouvrir à des possibles ou de les maintenir actives. Car, c'est le moyen d'éviter qu'une manière de percevoir, de voir et de penser, se contente de ce qu'elle a déjà perçu, vu et compris, s'en satisfasse au point de se figer en elle-même et de

---

[1] François Julien, *Dieu est dé-coïncidence*, Labor et Fides, Genève, 2024.

ne plus être capable d'accueillir l'inattendu dans le regard et la parole d'autrui.

Par conséquent, se donner le droit de porter un regard différent et de livrer sa perception, par exemple sur Dieu, sur le rapport à soi et à l'autre, sur la vie et sur les événements qui s'y déroulent, c'est ouvrir tout regard « coïncident » qui a fini par se satisfaire d'une forme d'adéquation, au point de s'y enliser et de s'y immobiliser, à un au-delà de lui-même.

C'est à cet exercice nécessaire et humble que nous invite ce recueil de 232 pensées, intitulé : *L'autre regard, un art de s'adresser aux autres en se parlant à soi-même.* Il est organisé autour de trois parties.

La première partie, intitulée : « La relation à Dieu et ses implications », est composée de 103 pensées, bâties autour de six points : **Dieu, plus qu'une nécessité dans la vie ; S'ouvrir à Dieu et compter avec lui ; Jésus-Christ, notre assurance ; L'importance de la prière dans la relation à la verticalité ; La responsabilité personnelle face à la vie ;** et **L'attitude face aux épreuves.**

La deuxième partie a pour titre : « La relation à soi et à l'autre et le rôle des vertus ». Elle est un ensemble de 49 pensées subdivisées en huit points : **La relation à soi comme s'accueillir et prendre soin de soi ; Considérer l'autre comme une chance ; La patience est d'or ; Le courage dans la vie ; La persévérance ; L'amour ; La libération par le pardon ;** et **La prudence dans le jugement.**

La troisième partie porte le titre : « Se donner la possibilité de réussir sa vie ». Elle se compose de 80 pensées articulées autour de quatre points : **La lucidité dans la vie ; Reprendre en main sa vie ; Ouvrir la vie en possibilité ;** et **S'affranchir du déterminisme et des limites.**

PREMIÈRE PARTIE

LA RELATION À DIEU ET SES IMPLICATIONS

I. DIEU, PLUS QU' UNE NÉCESSITÉ DANS LA VIE

DIEU VIENT À TOI.

Accueillir ce Dieu qui vient à toi, c'est aussi te donner la chance de te laisser accueillir par Lui et surtout de découvrir combien tu comptes pour Lui et ce que tu es réellement pour Lui : son enfant adoré !

DIEU TE FAIT DON DE SA PRÉSENCE.

Dieu va toujours à la rencontre de l'Homme. Car Il veut lui faire don de sa présence permanente et devenir ainsi pour lui un Être-là avec lui et pour lui. Laisse donc Dieu devenir ton Compagnon de chaque jour. Et tu ne te sentiras plus seul ni même impuissant, face aux difficultés de la vie.

DIEU EST TOUJOURS PRÉSENT.

Ce n'est pas parce que ta vie ne se déroule pas souvent comme tu le veux que Dieu serait absent ou t'aurait oublié(e). Bien au contraire, Il est toujours là avec toi. C'est pourquoi tu peux avoir la force pour tenir et même te battre afin que change ta situation.

DIEU EST TOUJOURS AVEC TOI.

Le silence de Dieu est pour l'homme de foi une parole audible dans laquelle il entend Dieu lui dire : Je suis avec toi dans cette épreuve. Elle ne te conduira pas à la mort, mais à la vie.

DIEU FAIT TOUJOURS LE CHEMIN AVEC TOI.

Le chemin de la réussite est parfois (très) long et épuisant : des détours imprévus surgissent de nulle part ; des arrêts inattendus s'imposent souvent ; la patience, elle-même, est mise à rude épreuve. Mais sache que malgré tout, Dieu fait toujours le chemin avec toi.

DIEU, LA PLUS BELLE CHOSE DE LA VIE.

Dieu nous laisse parfois vivre certaines réalités pour que nous réalisions qu'Il est, en fait, la plus belle chose qui nous soit arrivée. Accroche-toi donc à Lui.

DIEU EST PRÊT À TOUT POUR TE SAUVER.

L'amour de Dieu pour toi est si grand que rien, ni même personne, ne peut l'arrêter dans son élan de te sauver. Même pas ton péché. Toi, ouvre-Lui maintenant ton cœur et accueille son salut.

DIEU TRANSFORME TON ENGAGEMENT DÉCISIF EN UN SUCCÈS.

Dieu garantit le succès à celui ou celle qui est conscient(e) de sa responsabilité personnelle dans la vie et, confiant(e) en la fidélité de Dieu, se bat chaque jour pour rendre sa vie et celle des autres meilleures.

DIEU EST L'ASSUREUR FIABLE.

Prendre Dieu pour l'Assureur de sa vie, c'est se garantir une assurance-vie, aussi bien pour ce monde présent que celui à venir : Ses prestations sont les plus fiables !

DIEU AUTHENTIFIE TOUJOURS SON ŒUVRE.

Une œuvre qui est réellement de Dieu n'est jamais combattue indéfiniment : tôt ou tard, la signature indélébile de Dieu apposée sur elle se fait visible.

DIEU SEUL REND SAINT.

La sainteté est moins une chose morale (ne pas faire telle chose ou telle autre) qu'une question d'ouverture réelle et sincère à Dieu, d'abandon total à Celui qui transforme profondément un cœur de pierre en cœur de chair, et qui fait d'une vie défigurée le reflet de Sa gloire désormais.

DIEU SOUHAITE FAIRE DE NOUS UN MIRACLE.

Dieu nous donne son Esprit afin que nous manifestions le miracle que nous sommes devenus en Jésus-Christ. Sois donc ce miracle au quotidien.

DIEU SE SERT DE TOUT, POUR NOUS RENCONTRER ET NOUS PARLER.

Dieu nous rencontre à travers les rencontres qu'Il suscite, favorise et permet. Il nous parle également par le truchement des évènements, des circonstances et des belles personnes qu'Il met sur notre chemin.

DIEU SE TROUVE ET SE DÉCOUVRE DANS LA DÉLICATESSE DE TES ACTES.

Avoir de la compassion pour la misère des autres, et les aider avec délicatesse, respect et amour à se relever, c'est leur donner la possibilité de sentir et de connaître vraiment Celui de qui nous parlons et au nom de qui nous agissons : Dieu, le Miséricordieux !

DIEU SE RÉVÈLE À TRAVERS TOUTE RENCONTRE.

Une rencontre, aussi banale qu'elle puisse paraître, mais vécue avec joie, enthousiasme et bonheur, peut devenir le lieu d'une visitation, c'est-à-dire d'une visite de Dieu. Car en toute vraie rencontre humaine se passe toujours quelque chose de plus grand que nous.

DIEU SEUL DONNE LA FORCE POUR AIMER SES ENNEMIS.

Aimer ses ennemis est plus une invitation à compter radicalement sur la puissance d'amour de Dieu qui rend possible l'inimaginable et l'impensable. C'est aussi un chemin pour mettre fin au pouvoir destructeur du Mal et vivre profondément libre.

DIEU NE RESTE JAMAIS DE MARBRE.

Dieu seul sait pourquoi nous passons parfois par des moments difficiles. C'est pourquoi Il les vit toujours avec nous : Dieu ne reste jamais indifférent à tout ce qui nous touche.

DIEU EST AU CONTRÔLE, MALGRÉ TOUT.

Dieu est toujours à l'œuvre, même s'il prend parfois le temps pour régler des situations dans notre vie. Il prend surtout son temps pour s'occuper personnellement des causes qui engendrent celles-ci.

DIEU EST UN PÈRE RESPONSABLE.

Dieu ne réalise pas parfois nos désirs, même les plus légitimes, tant que ceux-ci, au lieu de nous servir, nous desservent. Quel père ne protégerait pas ses enfants contre tout danger et même contre eux-mêmes ?

DIEU TE CONNAÎT PERSONNELLEMENT.

Pour Dieu, personne n'est anonyme. Il connaît chacun et chacune personnellement et par leur nom. De même que les combats de leur vie. Ne t'inquiète donc de rien : Dieu agit toujours !

DIEU CROIT EN TOI.

N'oublie jamais que Dieu a une confiance absolue en toi. C'est pourquoi Il t'a créé(e) et donné la vie. Il est de ta responsabilité de faire éclore et réaliser la promesse qu'elle contient.

DIEU TE PARLE AUSSI PAR SON SILENCE.

Le silence de Dieu n'est jamais démission ou abandon de sa part, mais plutôt invitation pressante à le chercher et surtout à l'entendre dans le quotidien de ta vie. Il t'y attend paisiblement.

DIEU TE DONNE RENDEZ-VOUS DANS TA PROPRE VIE.

Arrête de chercher Dieu en dehors de ta propre vie : c'est là, dans la banalité quotidienne de celle-ci, qu'Il te donne chaque jour rendez-vous. Rejoins-Le là désormais.

DIEU AGIT, MAIS TOUJOURS EN SON TEMPS.

L'apparent silence de Dieu dans ta vie ne doit pas te faire croire qu'Il t'a oublié(e). Sache que Dieu ne prend pas l'ascenseur, mais plutôt les escaliers comme déploiement progressif, mais efficace, de ce qu'Il a prévu accomplir dans ta vie. Et cela arrive toujours au bon moment.

II.   S'OUVRIR À DIEU ET COMPTER AVEC LUI

FAIS DE TON COEUR UNE CRÈCHE VIVANTE.

Dieu se fait homme pour habiter non seulement parmi les hommes, mais aussi pour habiter le cœur de chacune et chacun. Fais donc de ton cœur la crèche vivante où Il viendra se poser et même se reposer.

SOUVIENS-TOI DE TON CRÉATEUR.

Tu as le choix et tu es libre de faire de ta vie ce que tu veux. Mais, pour accomplir ce pour quoi tu as été appelé(e) à l'existence et maintenu(e) dans celle-ci sur cette terre dans la force de l'Esprit Saint, il te faut plus grand que toi, c'est-à-dire Dieu, Maître de la vie, du temps et de l'histoire.

ACCUEILLE DIEU.

Dieu n'a pas que créer l'homme par amour, Il est aussi devenu un homme pour se faire connaître et comprendre. L'accueillir donc, c'est Lui permettre de te révéler son tréfonds et sa propre vie.

ACCUEILLE DIEU EN T'ACCUEILLANT.

Dieu, en nous donnant à nous-mêmes chaque jour en son Fils et dans la force de son Esprit, se donne Lui-même avec. C'est pourquoi s'accueillir soi-même revient aussi et surtout à accueillir Dieu Lui-même.

DIEU TE CHERCHE : IL VEUT TE PARLER !

Dieu veut te parler pour que tu Lui parles de toi et des autres. Dieu veut te parler pour que tu deviennes une parole de vie, d'espérance et d'amour pour les désespéré(e)s de la vie. Dieu veut te parler pour que tu sois au quotidien sa Parole fiable et efficace dans ce monde sans repères.

TOURNE-TOI VERS DIEU.

La vie est parfois un mystère dont Dieu seul détient la clé. Veux-tu comprendre les mystères de ta vie ? Alors tourne-toi résolument vers Celui qui en détient la clé.

REVIENS VERS DIEU.

Revenir à Dieu de tout son cœur, demeurer en sa présence et vivre sous son regard de Père aimant et attentionné, est une chance inouïe qui est offerte pour se rencontrer soi-même, se découvrir véritablement, se connaître profondément et saisir réellement son identité, sa valeur intrinsèque, ses capacités et sa vocation unique. Finalement, c'est un moyen sûr, une vraie chance, qui nous évite de compromettre pour toujours notre vie.

AIE SOIF DE DIEU.

Ta soif profonde de Dieu te conduira à Lui et à son grenier, à coup sûr. Car Dieu répond toujours à la soif de celle ou celui qui le manifeste et accepte de payer le prix de l'intimité avec Lui.

CHERCHE LA VOLONTÉ DE DIEU.

Dieu sait mieux que toi ce qui est bon pour ta vie. Prie donc pour que sa volonté à Lui, dans ta situation présente et pour ta vie, se réalise, et non la tienne. L'exaucement arrive aussi de cette manière.

CHERCHE DIEU SANS RELÂCHE.

Dieu est certes présent dans toute vie, mais Il se laisse trouver par celle ou celui qui, sans relâche, le désire et le recherche. Et surtout gratuitement.

CHERCHE DIEU AVANT TOUT.

Dieu est le Père de tous et de chacun. Il se laisse trouver par tous ses enfants. Sans exception. Cherche-le donc avant tout et Lui, Il te conduira vers la femme ou l'homme de Dieu capable de t'aider à grandir spirituellement. Le contraire pourrait te coûter non seulement les poches, mais aussi la vie.

PRÉSERVE TON ÉNERGIE POUR CHERHCER DIEU.

Ne lutte jamais ni pour ce qui ne dépend pas de toi ni pour une personne qui ne reconnaît pas ce que tu as apporté à sa vie et te méprise. C'est une perte de temps ! Garde plutôt ta force et ton énergie pour chercher la face de ce Dieu reconnaissant et bon. Il essuiera tes larmes et ouvrira tes yeux et ton cœur sur la personne qui verra en toi un cadeau divin et fera de toi son prince ou sa princesse.

VIS SOUS LE REGARD DE DIEU.

Vivre sous le regard bienveillant de Dieu et rechercher sans cesse sa volonté sur sa vie et dans chaque circonstance, c'est espérer être soi-même et vivre sereinement chaque jour.

LAISSE DIEU ÊTRE DIEU DANS TA VIE.

Quand Dieu règne totalement sur une vie, celle-ci connaît obligatoirement la victoire, même si les combats ne prennent pas fin. C'est pourquoi tu dois laisser Dieu être vraiment Dieu dans ta vie.

TA RELATION À DIEU DÉTERMINE TON IMPACT.

Ce que tu pèses spirituellement et vaux dans la vie détermine ton impact réel et ton rayonnement dans la vie. Ne néglige donc pas ta relation à Dieu et ton rapport à la vie.

DIS TOUJOURS « OUI » À DIEU.

Dire « oui » à Dieu à la manière de Marie, la mère du Seigneur et Sauveur Jésus, c'est se donner la chance d'être soi-même un miracle et une bénédiction de Dieu.

LAISSE AUSSI DIEU FAIRE.

Tu as jusque-là, assurément, tout fait par toi-même et à ta manière. C'est bien ! Il est peut-être aussi temps de donner à Dieu un peu plus de marge de manœuvre dans ta vie : Il est le Dieu des impossibilités !

RESTE BLOTTI(E) DANS LES MAINS DE DIEU.

Les forces du mal existent, certes. Mais toi, tu es trop important (e) pour Dieu. Vis donc sous son regard et reste blotti(e) dans ses mains. Car, aussi longtemps que tu vivras ainsi, ces forces ne réussiront jamais à te distraire, te couper de Dieu et t'avoir.

RÉALISE TES RÊVES AVEC DIEU.

On peut partir de rien et devenir quelqu'un de grand. Mais, le devenir avec Dieu et grâce à Lui, c'est se donner toute la chance de se maintenir sereinement dans la grandeur.

ATTENDS LE TEMPS DE DIEU.

Savoir attendre dans la patience et la prière fervente le temps de Dieu pour notre vie est le moyen sûr de laisser Dieu nous "prouver" que nous n'avons pas eu tort de mettre en Lui notre confiance et de faire de Lui notre espérance : Il accomplit toujours et parfaitement ses promesses.

COMPTE TOUJOURS AVEC LE TEMPS DE DIEU.

Dieu n'est jamais en retard sur le temps. Il intervient toujours, mais selon son timing (temps) à Lui. C'est à nous d'apprendre à compter plus avec son temps que le nôtre. Le contraire nous conduit inévitablement au désespoir.

LE RECOURS À DIEU AU-DELÀ DE TOUT.

Il y a parfois dans la vie des situations pour lesquelles on a véritablement besoin soit de ses parents, soit de ses frères et sœurs, soit de son conjoint ou sa conjointe, soit d'un ou d'un(e) véritable ami(e). Mais Dieu, on aura toujours besoin de Lui pour remporter certains combats et garder le cap dans la vie.

N' OUBLIE JAMAIS EN QUI TU CROIS.

Pour celui qui croit, rien n'est jamais joué d'avance. Il vit dans l'espérance que, quelle que soit la situation, l'issue sera en sa faveur. Car sa foi repose sur le Dieu de toutes les possibilités.

CROIS PLUTÔT EN DIEU.

Croire coûte que coûte que c'est l'homme seul qui fait l'homme, c'est s'apprêter à vivre aigri et déçu. Mais croire plutôt que c'est Dieu qui fait l'homme en plaçant de belles personnes sur notre chemin pour nous réaliser, c'est espérer vivre libre et heureux.

NE TE TROMPE PAS DE COMBAT.

Le véritable combat que tu dois mener est celui qui consiste à demeurer uni à Dieu. Car ta vie d'union à Dieu te garantit la victoire dans les autres combats. C'est pourquoi, le Malin cherche par tous les moyens à te distraire et te couper de Dieu afin de mieux contrôler ta vie. Reste donc concentré(e).

SOIS HUMBLE DANS TA MANIÈRE DE PARLER DE DIEU.

Dieu, on ne le voit que de dos. C'est pourquoi, quelle que soit ta position dans l'Église, ton niveau de spiritualité, ton degré d'intimité avec Dieu et la grâce charismatique ou prophétique dont tu es porteur (porteuse), tu dois parler de Dieu et parler aux autres avec délicatesse et grande humilité. L'humilité est d'ailleurs le signe de l'authenticité de ton expérience avec Lui.

SOIS HUMBLE POUR VIVRE DE GRANDES CHOSES AVEC DIEU.

L'humilité précède toujours la gloire de Dieu. C'est pourquoi il y a des dimensions que tu ne vivras pas avec Dieu, si tu n'apprends pas à reconnaître avec humilité et respect ce qu'Il fait effectivement avec l'autre et dans sa vie.

SOIS PRUDENT(E), MÊME SI TU CROIS EN DIEU.

Ta foi en Dieu n'est pas une immunité (une protection) contre les effets de tes propres imprudences et de ta témérité. Dieu peut permettre que tu en paies les conséquences. Alors sois bien prudent(e).

III. JÉSUS-CHRIST, NOTRE ASSURANCE

JÉSUS EST LA SOLUTION !

Avec Jésus, ta vie n'est plus désormais une aventure incertaine. Tu l'assumes et la vis avec Lui, le Chemin, la Vérité et la Vie.

SUIS JÉSUS VRAIMENT.

Suivre vraiment Jésus, c'est se donner la chance de vivre ce à quoi on n'a jamais pensé et ce qu'on n'a nullement espéré.

ÉCOUTE JÉSUS.

Écouter Jésus est moins un ordre qu'une invitation paternelle et maternelle de Dieu à nous confier et nous fier à Lui ; à Lui faire confiance, à Le suivre chaque jour, à compter sur Lui et avec Lui, et à Lui donner la place centrale dans notre vie. C'est même là le secret d'une vie belle, pleine et sereine, vécue dans la présence glorieuse et agissante de Dieu.

SOIGNE TA RELATION À JÉSUS.

La fécondité de tout ministère dans l'Église dépend moins de nos plans pastoraux et de nos stratégies de communication que de la qualité de notre relation à Jésus-Christ : Il est Celui qui a fondé son Église et la féconde continuellement dans la force de son Esprit.

CHRIST EST L'AMOUR VÉRITABLE.

L'amour véritable a une expression, un nom et un visage : Jésus livré, donné et cloué à la croix pour le Salut de l'Homme, de tout homme et celui du monde.

RESTE ATTACHÉ(E) AU CHRIST RÉELLEMENT.

Dieu n'agit en notre faveur que par amour. C'est vrai ! Cependant, il y a des expériences pour lesquelles nous avons besoin d'être vraiment attaché(e)s et dévoué(e)s au Christ pour espérer les vivre : Jésus est Lui-même l'Amour à partir duquel la main agissante de Dieu, sans retenue, devient manifeste dans une vie.

EN JÉSUS, LA MORT EST DEVENUE UN AVANTAGE.

La mort de Jésus a transformé notre mort en un avantage. La mort de Jésus fait de notre mort un passage libre vers la vie en Dieu et avec Lui. La mort de Jésus accomplit la nôtre et en fait un temps de moisson et de bénédiction. La mort de Jésus fait de toute mort un moment de retrouvailles et une célébration de la fête de la vie. Car le Père n'abandonne pas son Fils au pouvoir de la mort. Il l'en sort vivant et victorieux.

JÉSUS RESSUSCITÉ DONNE LA VIE AUX HOMMES.

La résurrection de Jésus est la mort de la mort et la vie de la vie. Elle est la preuve et la garantie d'un futur pour l'Homme.

EN JÉSUS RESSUSCITÉ, UN NOUVEAU DÉPART DEVIENT POSSIBLE.

La résurrection de Jésus marque fondamentalement un nouveau départ et offre une nouvelle perspective pour la vie. C'est pourquoi il ne suffit pas de se contenter de la célébrer mais bien surtout de se laisser visiter et rencontrer par le ressuscité : Il fait toute chose bonne et nouvelle.

IV. L'IMPORTANCE DE LA PRIÈRE DANS LA RELATION À LA VERTICALITÉ

LA PRIÈRE, LE CARBURANT DE TA VIE.

Si la vie était une voiture, alors son carburant pour pouvoir rouler et avancer serait la prière. Prie, prie et prie, pour avancer en héros, quelle que soit la situation.

RECHERCHE LA VOLONTÉ DE DIEU DANS TES PRIÈRES.

La prière, la vraie prière, consiste à rechercher la volonté de Dieu dans les circonstances diverses et variées de notre vie et sa réalisation parfaite. Quiconque prie ainsi se rapproche inévitablement du cœur et du grenier de la bénédiction et de la faveur de Dieu. C'est pourquoi la vraie prière nous évite le pire dans notre vie et nous conduit à l'exaucement.

ALLIE LA PRIÈRE À TA FOI.

Croire, c'est refuser de baisser les bras, quelle que soit la situation. Et prier, c'est être convaincu de l'intervention de Dieu en notre faveur.

PRIE AVEC PERSÉVÉRANCE.

Prie jusqu'à ce que la prière devienne une réalité naturelle dans ta vie. À partir de là, tu feras les choses extraordinaires naturellement.

NE TE LASSE JAMAIS DE PRIER.

Prie, même si tu n'es pas exaucé(e) aujourd'hui. Car aucune prière humaine inspirée par l'Esprit ne reste sans effet : elle produit toujours ce pour quoi elle est dite, soit maintenant, soit plus tard. Les belles choses qui nous arrivent de manière inattendue sont parfois le fruit d'une prière dite il y a bien longtemps.

FRÉQUENTE DIEU ET LUI S' OCCUPERA DU RESTE.

La fréquentation quotidienne et assidue de Dieu par la prière fervente lève nécessairement le voile non seulement sur la nature de nos combats, mais aussi sur les moyens pour les remporter. Car on ne peut pas fréquenter Dieu et même le rencontrer sans que quelque chose se produise.

LAISSE-TOI TRANSFORMER DANS LA PRIÈRE.

Fléchir ses genoux tous les matins, c'est se donner la chance de rester debout dans l'adversité, humble dans la gloire et humain dans ses rapports avec les autres.

PRIE AUSSI SUR TES GENOUX POUR DEMEURER DÉBOUT.

Prier sur ses genoux, quand on le peut, est aussi une manière de soumettre sa vie et soi-même à Celui devant qui toute chose et toute réalité sont soumises. C'est se donner également les moyens de soumettre à son tour tout ce qui, dans la vie, cherche à nous soumettre et nous voir totalement à genoux.

TROUVE LE REPOS AUX PIEDS DU SEIGNEUR !

Seuls celles et ceux qui savent se poser aux pieds du Seigneur parviennent au repos véritable : Auprès du Seigneur, le Dieu d'Amour, se trouve le repos !

CHERCHE À BÂTIR AVEC DIEU UNE RELATION SOLIDE.

Une prière non exaucée peut être une invitation à se décentrer de soi-même et aussi de son sujet de prière momentanément pour d'abord bâtir avec Dieu une relation solide et libre. Car, celui ou celle qui a Dieu pour ami a tout.

PERSÉVÈRE DANS LA PRIÈRE.

Le Dieu que tu adores est vivant. Ne te lasse donc pas de Le chercher et de Le prier jour et nuit. Car sa présence agissante en toi est ce qui met tes ennemis visibles et invisibles en déroute.

PRIE POUR NE PAS RATER LA VISITE DE DIEU.

Quand on aime, on cherche toujours à rendre visite à l'être aimé. Et cela peut parfois arriver à l'improviste. Or, toi, Dieu t'aime plus que tout dans ta vie. Alors prie autant que possible pour ne pas rater sa visite. Elle pourrait changer radicalement ta vie.

ÉCOUTE TON CŒUR DANS LA PRIÈRE.

Dieu ne met rien de beau, de bien et de grand dans ton cœur qu'Il ne veuille et puisse réaliser. Écoute donc ton cœur dans la prière assidue pour entendre ce que Dieu y a posé pour ton bonheur.

CHANGE AUSSI TA MANIÈRE DE PRIER.

Ne prie pas seulement pour que Dieu pourvoie à tous tes besoins, mais plutôt qu'Il te donne la révélation du pourquoi de ta présence, ici et maintenant, sur cette terre. Une telle révélation changera radicalement le cours de ta vie.

PRIE BEAUCOUP POUR TES PROCHES.

Ne Prie pas que pour toi seul(e), mais aussi et surtout pour les personnes qui partagent particulièrement ta vie et peuvent l'influencer : lorsque les forces du mal ne réussissent plus à t'atteindre, celles-ci deviennent désormais leur cible pour te nuire.

DEMANDE AUSSI À DIEU DE TE PROTÉGER CONTRE TOI-MÊME.

Ne prie pas seulement afin que Dieu te protège contre tes ennemis, mais aussi contre toi-même. Car tu peux être l'ennemi de ta propre vie, par les choix hasardeux que tu fais et qui peuvent ruiner celle-ci.

V.   LA RESPONSABILITÉ PERSONNELLE FACE À LA VIE

DIEU PEUT TOUT, MAIS IL N' EST PAS UN MAGICIEN.

Dieu peut tout, mais Il n'est pas un magicien.
Dieu peut tout, mais Il veut aussi que tu te sanctifies par ton travail.
Dieu peut tout, mais Il désire valoriser ton effort.
Dieu peut tout, mais Il croit en l'homme capable que tu es.
Dieu peut tout, mais Il veut surtout bénir l'œuvre de tes mains.
Dieu peut tout, mais Il respecte aussi ta liberté.
Dieu peut tout, mais Il attend parfois, au nom de ta dignité, ton panier de cinq pains et deux poissons.
Dieu peut tout, mais Il n'est pas un magicien.

DEVIENS DÉSORMAIS CET ÊTRE AU COEUR DE DIEU.

Dieu, en se faisant homme en son Fils Jésus, nous a, par conséquent, non seulement aimés avec un cœur humain, mais aussi donné la possibilité de devenir des femmes et des hommes au cœur

de Dieu : capables désormais d'aimer les autres à la manière de
Dieu.

DEVIENS RELAIS DE LA PRÉSENCE DE DIEU.

Dieu se fait homme parce qu'Il veut offrir sa présence à tout
homme et à tout l'homme. Accueille donc sa présence et deviens à
ton tour relais de cette présence au quotidien.

DEVIENS PLUS HUMAIN.

Dieu s'est fait homme en Jésus-Christ pour que l'homme soit plus
humain, plus respectueux de lui-même, de la vie et de toute vie,
avenant et aimant avec ses semblables. C'est en vivant ainsi qu'il
"permet" à Dieu d'être toujours homme, accessible, proche et le
prochain de l'homme et de tout homme, et ce, tous les jours.

DEVIENS TOI-MÊME LE MIRACLE.
Dieu n'attend pas que tu fasses des miracles, mais plutôt que ta
vie, elle-même, devienne un miracle, le lieu où on peut sentir,
toucher et voir Sa présence.

SACHE QUE LE CHANGEMENT ARRIVE AUSSI PAR TES EFFORTS.

Si Dieu ne rend possible que ce qui est impossible dans notre
vie, alors le champ de la possibilité reste et demeure celui de
l'Homme. C'est pourquoi, dans ce domaine des possibilités de
l'Homme, un changement profond n'advient pas que par le jeûne et
la prière, mais aussi et surtout par une décision courageuse, une
attitude déterminante et un changement radical des habitudes.

PRENDS TA VIE AUSSI EN MAIN.

Dieu t'a promis sa présence et sa fidélité pour que, vivant
désormais dans l'assurance, tu prennes aussi ta vie en main. Car
Dieu ne fera pas toujours tout à ta place.

LA GRÂCE DE DIEU N' ATTEND QUE TOI.

La grâce de Dieu, relâchée dans/sur notre vie, est toujours
présente à nos côtés. S'ouvrir à elle par la conversion, se
disposer à l'accueillir par la prière et la laisser opérer et agir
efficacement par la foi est notre responsabilité.

TOI, FAIS HUMBLEMENT TA PART.

Dieu nous précède toujours : Il ne nous envoie que là où Il crée les conditions de notre réussite, et ne nous pose que là où nous pouvons fleurir et nous déployer. Il nous appartient donc de faire humblement notre part. Car Dieu, Lui, fait toujours la sienne.

NE LAISSE PAS TOUT À DIEU.

Quel que soit ce qui t'arrive de négatif, son ampleur et son dégât possible, toi, fais toujours ta part courageusement. Dieu fera la sienne, sûrement.

RIEN N' ARRIVE TOUJOURS TOUT SEUL.

N'attends pas toujours que les choses viennent jusqu'à toi. Tu peux aussi aller les chercher au nom de ta foi en ce Dieu agissant en toi. Car rien n'arrive toujours tout seul.

N'ARRÊTE PAS DE FAIRE DES EFFORTS.

Il n' y a pas un seul de tes efforts, faits chaque jour pour toi-même, pour les autres et surtout pour la gloire de Dieu, qui ne soit pas vu et apprécié convenablement par Dieu : Il les accueille et même les recueille, les bénit ensuite et s'en sert enfin pour te rendre heureux.

AIE UNE FOI DYNAMISANTE.

Tout est possible non pas pour celle ou celui qui, au nom d'une certaine foi, attend que tout lui tombe du ciel, mais plutôt pour celle-là ou celui-là qui, se fondant sur sa foi en Dieu, ne se met pas de limite, réfléchit, invente et travaille pour provoquer sa chance.

TOUT CONCOURT AU BIEN DE QUI CROIT.

Aucune vie n'est un fleuve tranquille. Aucun chemin n'est toujours droit. Aucune aventure n'est jamais sans risque. Mais, pour celle ou celui qui croit, tout concourt à son bien. C'est pourquoi elle ou il avance dans l'assurance.

VI. L'ATTITUDE FACE AUX ÉPREUVES

VIS TON DÉSERT COMME UNE CHANCE DE DEVENIR MEILLEUR.

Le désert, au-delà de son aspect de lieu de non-vie, d'aridité et d'austérité, est aussi employé au niveau spirituel pour relever ce processus parfois long et douloureux du silence de Dieu, de dépouillement intérieur et de mort à soi-même et aux choses superficielles qui encombrent inutilement la vie. Accueilli, accepté et vécu avec foi et confiance en Dieu qui fait toute chose bonne, le désert peut devenir un moment de grandes grâces, de libération, de guérison, de restauration et de renaissance.

CERTAINES ÉPREUVES PEUVENT AUSSI ÊTRE BÉNÉFIQUES.

Certaines épreuves, même si elles sont parfois très douloureuses, font partie des rares rendez-vous de la vie capables souvent de révéler notre vraie nature, de transformer positivement notre vie et, dans une certaine proportion, de faire de nous l'homme ou la femme selon le cœur de Dieu.

TES COMBATS RÉVÈLENT QUI TU ES.

Les combats de ta vie, au-delà de la souffrance qu'ils peuvent produire, révèlent au moins que tu es un trésor. Car on ne s'en prend qu'à ce qui a de la valeur. Prends donc ta vie très au sérieux et vis-la sous le regard de Dieu.

ACCUEILLE TES ÉPREUVES AVEC FOI.

Les épreuves, quelle que soit leur nature, sont un moment de grandes souffrances parfois inadmissibles. Mais accueillies avec humilité et vécues dans la confiance en Dieu, elles peuvent devenir un lieu de transformation, de renaissance et de paix profonde.

L'ÉPREUVE MANIFESTE LA FOI AUTHENTIQUE.

La foi en Dieu, la vraie, se vérifie et s'exprime quand il n'y a plus de raison humaine de croire. Car avoir foi en Dieu, c'est être aussi capable, face à une situation sans issue, de continuer de proclamer la fidélité de Dieu.

L' EXPÉRIENCE DE DIEU, TA FORCE DANS L'ÉPREUVE.

La femme ou l'homme de foi est celle ou celui qui, selon l'expérience faite avec Dieu, peut dire que, quoi qu'il advienne, Dieu la ou le conduira sûrement et certainement vers son accomplissement, son bonheur.

DIEU RÉVÉLERA SA GLOIRE DANS L'ÉPREUVE.

Si tu sais en qui tu as mis réellement ta foi, alors ne baisse pas les bras, quelle que soit l'épreuve : la gloire sans fin du Dieu de ta foi se révélera dans la situation que tu traverses.

DIEU SE SERT DE TOUT POUR ÉCRIRE TA GLORIEUSE HISTOIRE.

Celle ou celui qui s'adosse à Dieu et s'appuie sur Lui sait que tout, même le Mal (planifié, imposé, subi et parfois provoqué ou recherché), concourt, d'une certaine manière, à réaliser, en son temps, le projet de bonheur de Dieu en sa faveur : Dieu se sert de tout pour écrire notre glorieuse histoire.

DIEU SE SERT AUSSI DE NOS LARMES POUR NOUS RENDRE HEUREUX.

Chacune de nos larmes versées en silence est toujours recueillie par Dieu. Il s'en sert pour réaliser en notre faveur, et en son temps, une œuvre capable de nous consoler, de nous redonner le sourire et de nous rendre profondément heureux.

UN NOUVEAU DÉPART EST TOUJOURS POSSIBLE !

La grâce de Dieu vient toujours à la rencontre de notre désir de changer et de transformer notre situation. C'est à nous de nous mettre sur sa trajectoire par une attitude déterminante dans la prière et l'engagement personnel à voir ce changement.

GARDE TON CALME DEVANT LES SITUATIONS.

N'aie pas toujours peur des choses qui interviennent de manière inattendue dans ta vie. Certaines arrivent soit pour te conduire au but réel de ta vie, soit pour que ton être personnel enfin s'exprime : tu peux toujours tirer profit de toutes les situations, même les plus défavorables.

FAIS CONFIANCE À LA VIE.

Ne désespère pas de la vie, encore moins de la tienne : la vie est comme un cours d'eau au débit parfois lent ou rapide qui réussit toujours, contre vents et marées, à se frayer son chemin. Fais-lui donc confiance.

DEUXIÈME PARTIE

LA RELATION À SOI ET À L' AUTRE, ET LE RÔLE DES VERTUS

I.   LA RELATION À SOI COMME S' ACCUEILLIR ET PRENDRE SOIN DE
     SOI

ACCUEILLE-TOI COMME UN VÉRITABLE DON DE DIEU.

Nul n'est le fruit d'un hasard encore moins celui d'un accident.
Accueille-toi donc chaque jour comme ce don unique sorti des mains
de tendresse de Dieu.

ACCUEILLE-TOI TOI-MÊME.

Se voir, se comprendre et vivre dans la perspective du regard
aimant de Dieu sur soi est la possibilité inouïe de s'accueillir
soi-même. Et cela, malgré ses fragilités et limites de tous genres.

ACCUEILLE-TOI COMME UNE MISSION.

Dieu n'a pas fait don de toi seulement à toi-même, mais aussi et
surtout aux autres et au monde. Deviens donc pour les autres et
le monde la surprise agréable et le miracle transformateur de
Dieu.

ACCEPTE-TOI TEL QUE TU ES.

Accepte-toi tel que tu es. Tu n'es ni le fruit d'un hasard encore
moins un accident. Tu es le don de Dieu à toi-même et au monde.
Déploie-toi à travers ce que tu sais et aimes faire. Tu verras que
tu es une vraie merveille.

AIME-TOI TEL QUE TU ES.

Aime-toi tel (le) que tu es. Car tes fragilités et tes défauts
n'ont pour but que de te rappeler que tu n'es ni ange ni démon,
mais une créature humaine qui a toujours besoin de son Créateur
pour devenir chaque jour davantage meilleure.

PRENDS LE TEMPS DE T'ÉCOUTER.

Nos émotions et nos actions sont le miroir à travers lequel nous
pouvons parfois voir l'état réel de notre âme et y lire nos besoins
profonds. Prends donc le temps de t'écouter.

PENSE À TOI ET AVANCE.

L'amour, quand il est vrai, se manifeste toujours naturellement.
Ne t'épuise donc plus à vouloir te battre pour ce qui n'a jamais
existé. Utilise cette énergie pour investir en toi et la vie te
le revaudra.

SOIGNE TON IMAGE : C'EST IMPORTANT !

La société te traitera toujours en fonction de l'image que tu
renvoies de toi-même. Tu n'y peux rien. Cependant, tu pourrais
travailler à soigner ton image et à laisser surtout transparaître
l'être de grande valeur que tu es.

TRAVAILLE TON CARACTÈRE.

Tes malheurs, tes souffrances et tes échecs ne sont pas toujours
à attribuer à tes ennemis visibles ou invisibles, mais aussi à ton
propre caractère : ton caractère est la clé capable de t'ouvrir
royalement ou te fermer hermétiquement des portes et des cœurs
dans la vie. Penses-y !

II.   CONSIDÉRER L'AUTRE COMME UNE CHANCE

ACCUEILLIR L'AUTRE.

Dieu, en nous créant tous autant différents et semblables, a
surtout posé en chacun un trésor pour les autres. C'est pourquoi
accueillir l'autre revient également à recevoir enfin le trésor
qu'il porte en lui pour nous.

ACCUEILLE L'AUTRE COMME UNE CHANCE.

L'autre n'est pas seulement un alter-ego, celui qui n'est pas moi
et donc différent de moi. Il est aussi une chance et même le miroir
vivant de Dieu : il me renvoie à ce que j'ai en propre.

ACCUEILLE L'AUTRE COMME POUVANT TE CONDUIRE À DIEU.

Tout vrai accueil (de l'autre) peut devenir non seulement accueil de Dieu dans l'autre, mais aussi un lieu où la parole de l'autre confirme ce que Dieu fait en nous.

LA PRÉSENCE DE L' AUTRE T' EST UTILE.

Dans la vie, tu auras toujours besoin d'une personne, soit plus grande et forte que toi, soit plus petite et faible que toi. Car, il y a des défis que tu ne relèveras jamais tout seul. Mais ton attitude humble et respectueuse dans ton rapport aux autres attirera, en cas de besoin, naturellement, cette personne à toi.

ENTRETIENS DE BONS RAPPORTS AVEC L' AUTRE.

La vie nous fait rencontrer parfois de belles personnes, envoyées par la providence divine, pour nous conduire à notre destinée. Notre caractère permet soit de les retenir, soit de les faire partir.

METS-TOI À LA PLACE DE L' AUTRE.

Quand tu as vécu ce que l'autre a traversé dans la vie, alors tu peux être capable désormais de le comprendre et de toucher son cœur par des mots empreints d'humanité et de compassion.

SOIS HEUREUX POUR LA VIE DES AUTRES.

Réjouis-toi du bonheur des autres et souhaite-leur beaucoup de succès dans leurs projets. Bénis Dieu surtout pour leur vie. Ainsi la nature et le ciel te seront toujours favorables.

III. LA PATIENCE EST D' OR

NE TE PRENDS PAS TOUJOURS LA TÊTE.

Ce que tu n'as pas aujourd'hui, tu l'auras demain et surtout au moment où tu en auras le plus besoin. N'oublie pas que ta vie est dans les mains de Celui qui voit plus loin que toi : Dieu !

LA PRÉCIPITATION A LES JAMBES COURTES.

Ne te précipite jamais si tu ne veux pas finir malheureux et aigri. Accepte le processus, même s'il est parfois douloureux. Attends surtout patiemment ton heure. Elle arrive toujours pour celles et ceux qui ont le cœur froid et travaillent avec passion et abnégation.

LE TEMPS, TON ALLIÉ SÛR.

Ne cède pas à la tentation de la rapidité ou de la précipitation : cela te conduira droit dans le mur. Fais plutôt confiance au temps et au rythme parfois lent de la vie, car toute bonne et belle chose prend du temps et advient en son temps.

ATTENDS TOUJOURS LE BON MOMENT.

Certains gardent parfois le silence non par manque de courage, mais plutôt par expérience : la vie leur a appris que pour parler et agir conséquemment, il faut savoir attendre le bon moment.

LE SUCCÈS PREND DU TEMPS POUR DE BONNES RAISONS.

Le succès met parfois du temps à venir, non pas parce que tu es maudit(e), mais pour que l'histoire de ton parcours soit plutôt inspirante. Car ce monde ne respecte et n'admire que celles et ceux qui se sont construit un parcours honorable et dont l'histoire motive et impacte.

IV.   LE COURAGE DANS LA VIE

METS DÉFINITIVEMENT FIN À CE QUI TE MAINTIENT CAPTIF.

Il y a des choses ou des réalités qui ne te lâcheront pas tant que tu ne leur auras pas montré et même démontré par la qualité de ta vie et la force de ta foi que la partie de récréation est terminée depuis longtemps.

SOIS FORT(E) ET COURAGEUX(SE).

Ne désespère pas de toi. Ne fais rien, même si c'est dur, qui pourrait compromettre ta vie. Sois fort(e) et courageux(se) : il y a toujours une issue à tout.

TA DÉTERMINATION TE CONDUIRA AU SOMMET.

Dans la vie, ce ne sont pas toujours les plus chanceux(ses) qui réussissent ou révolutionnent le monde. Mais plutôt ceux ou celles qui sont déterminé(e)s à changer leurs conditions de vie et à réaliser à tout prix leurs rêves.

PARLE PARFOIS LE LANGAGE DU COURAGE.

Les combats et oppositions de nos vies ne s'arrêtent parfois que lorsqu'on réagit courageusement pour faire cesser les choses. Car le courage est parfois le langage qui pousse l'ennemi à comprendre qu'il n'est pas en territoire conquis.

RÉSISTE !

Crie et pleure si ça tarde, mais n'abandonne jamais ton rêve. La montre appartient aux hommes, mais le temps, qui est l'autre nom de Dieu, sera ton allié.

TIENS BON ENCORE !

C'est dur, c'est vrai. Mais ne laisse pas tout tomber maintenant après un si long parcours. Tiens bon encore : le Dieu de ton parcours est avec toi. Il t'honorera et bénira tes efforts bien au-delà de tes attentes.

V.   LA PERSÉVÉRANCE

PERSÉVÈRE DANS LE BIEN.

L'attitude distante de certaines personnes ou des situations créées par elles peuvent te faire souffrir. Mais toi, persévère dans le bien : on ne se relève d'une situation et ne se reconstruit sainement qu'à partir du bien.

SOIS PERSÉVÉRANT DANS LA PATIENCE.

Être patient, c'est savoir attendre le bon moment et apprendre à composer avec le temps et les circonstances. C'est aussi et surtout faire preuve de grande humilité et de confiance totale en Dieu, Maître du temps, de l'histoire et des circonstances. C'est finalement se donner la chance de vivre son *kairos*, c'est-à-dire le moment, l'heure de l'intervention de Dieu dans sa vie.

TOI, PERSÉVÈRE.

Le chemin de la réussite n'est certes pas facile, mais la volonté, le courage et la persévérance permettent de s'y maintenir. Et Dieu, qui bénit tout effort, conduit inéluctablement au succès.

PERSÉVÈRE DANS L'ATTENTE DE TES OBJECTIFS

Donne-toi toutes les chances de fleurir là où tu es, ou dans ce que tu fais. Mets-y du sien et travaille avec passion. Au temps propice, tu en récolteras les fruits au-delà et au-dessus de tes attentes.

TRACE TON CHEMIN DANS LA PERSÉVÉRANCE.

N'aie jamais peur de commencer ton projet ni même honte de le recommencer s'il t'arrivait d'échouer. Il n'y a rien qui soit une génération spontanée. Et n'oublie surtout pas que le chemin ne se trace qu'en persévérant dans la marche.

VI. L'AMOUR

LA FORCE DE L'AMOUR

L'amour ne laisse personne indifférent. Il a le pouvoir de changer une vie, de rendre heureux et surtout de construire des ponts entre les hommes, les cultures, les peuples, les religions et les confessions. Dieu Lui-même est Amour. C'est pourquoi, là où règne l'amour, Dieu est présent et son Esprit est à l'œuvre. Aime donc réellement et Dieu fera de ta vie un miracle.

AIMER RELÈVE DE LA VOLONTÉ.

Aimer dans le temps est moins une question de sentiments que de choix et surtout de volonté.

MAINTENIR LA FLAMME DE L' AMOUR.

Les sentiments évoluent, changent et disparaissent parfois. Seuls la volonté et le courage d'aimer malgré tout permettent d'entretenir la flamme de l'amour.

L'AMOUR EST EXPRESSIF

L'amour ne fait pas de bruit, mais laisse aux gestes et aux actes concrets et tangibles, empreints d'humanité, le bon soin de le rendre audible, expressif et présent. Finalement, aimer, c'est chercher chaque jour à donner à l'amour des bras, des pieds, une bouche et un cœur pour changer la vie de l'autre et lui permettre d'être heureux(se).

AIME SANS CONTREPARTIE.

L'amour est la plus belle chose qui puisse exister. Et pourtant, il fait parfois souffrir. C' est pourquoi aimer sans rien attendre absolument en retour peut prémunir de la souffrance.

L' AMOUR AU-DELÀ DE LA MORT

L'amour que nous portons aux personnes que nous aimons ne s'arrête pas avec la mort. C'est pourquoi il nous porte à toujours prier pour elles et leur souhaiter un avenir meilleur auprès de Dieu, l'Amour par excellence.

DIS TA PAROLE CHAQUE FOIS AVEC AMOUR.

Une simple parole, mais dite avec amour, est un rayon de soleil capable de dissiper le froid dans une vie. Elle est aussi un catalyseur pour remettre debout une personne abattue et déboussolée. Dis donc à toi-même les belles paroles que tu aurais voulu entendre des autres.

UNE PAROLE AIMABLE REJOINT TOUJOURS LE CŒUR.

Nos paroles ne touchent positivement les autres que si nous leur parlons en nous adressant à nous-mêmes. En effet, la parole qui rejoint le cœur des autres est toujours celle qui nous a d'abord touché(e)s en plein cœur.

VII. LA LIBÉRATION PAR LE PARDON

AIE LA FORCE DE PARDONNER.

Pardonner est certes un acte libérateur et important, mais il reste parfois difficile, voire impossible. Car le pardon, comme le don par-delà tout (*par-don*), est le résultat d'un long et douloureux processus à la fois intérieur et extérieur. Il ne s'agit pas en effet d'oublier le mal subi, mais de laisser tout tomber et donner même une nouvelle chance à celui ou celle qui t'a profondément fait mal. Malgré tout.

PARDONNE-TOI TOI-MÊME.

Arrête de vivre dans le regret de tes choix du passé. Il est temps de te pardonner toi-même, de faire la paix avec ton passé et de regarder avec espérance vers l'avenir. Ta vie actuelle est l'occasion toute trouvée d'écrire une nouvelle histoire avec le secours de Dieu. C'est plus que possible ! Alors vas-y.

DIEU EST PRÊT À TE PARDONNER.

Dieu est toujours prêt à te pardonner, même ce que tu crois impardonnable. Car, Il ne te voit pas en fonction de ce que tu fais ou ne fais pas, mais par le truchement de ce que Lui, Il veut faire en toi, pour toi et avec toi. Arrête donc de te culpabiliser et te croire indigne. Ouvre-toi plutôt à l'insondable profondeur de sa Miséricorde.

RECHERCHE LE PARDON RESTAURATEUR DE DIEU.

Le pardon de Dieu guérit du péché et de ses traces dans une vie. Il permet de se détourner de son lourd passé pour porter son regard résolument tourné vers l'avenir, sur cette nouvelle vie qui commence. Recherche donc le pardon de Dieu (par le sacrement de réconciliation) et accueille-le. Dieu n'attend que toi.

PARDONNE ET AVANCE !

Si Dieu pardonne les péchés, c'est aussi parce qu'Il voit au-delà, du péché commis, la fragilité humaine. Alors, vois aussi la fragilité de celle ou celui qui t'a fait mal ; implore la force de Dieu afin de réussir à pardonner : tu dois vivre et avancer.

VIII. LA PRUDENCE DANS LE JUGEMENT

ATTENTION À TON JUGEMENT.

Avant de juger, assure-toi que tu connais vraiment les tenants et les aboutissants de l'objet de ton jugement. Il y a des apparences qui sont parfois trompeuses et des actes irréversibles.

AIE UN REGARD OBJECTIF SUR L' AUTRE.

Ne juge ni ne condamne personne de loin ou à la hâte. Car tu ignores les combats de sa vie. Respecte sa vie ! Si possible, prie pour elle. Dieu te le revaudra.

FAIS TOUJOURS LA PART DES CHOSES.

Dans toute situation de conflit, il y a toujours des aspects qui peuvent nous échapper. C'est pourquoi, pour éviter de se tromper ou de compromettre sa relation ou une amitié, il faut réussir à faire la part des choses : ça évite l' irréparable !

TU N'ES PAS TOUT LE MONDE.

Tes souffrances et tes déceptions viendraient parfois d'une forme de naïveté qui pousserait à croire que les autres seraient un peu comme toi, et par conséquent, qu' ils pourraient penser, agir et réagir comme tu l'aurais fait. Détrompe-toi !

TROISIÈME PARTIE

SE DONNER LA POSSIBILITÉ DE RÉUSSIR SA VIE

I.   LA LUCIDITÉ DANS LA VIE

SACHE LIRE LES SIGNES DES TEMPS.

La tentation se présente dans notre vie presque toujours à l'orée d'une saison prometteuse. Prie donc et fais tout pour ne pas y succomber. Il y va de ta vie.

ÉPROUVE TOUT SOIGNEUSEMENT.

Si "là où Dieu bâtit son église, le diable construit sa chapelle" (proverbe allemand), alors ne te laisse impressionner par rien, encore moins par personne. Sois plutôt prudent en éprouvant tout soigneusement.

NE CROIS PAS TOUJOURS TOUT CE QU' ON TE DIT.

Ne te laisse pas distraire par celles ou ceux qui te font croire que tu n'es pas exaucé(e) à cause de ton péché ou de ton manque de foi. Car même le juste ou l'homme de foi n' est pas toujours exaucé. Dieu, Lui, ne fait point acception de personnes (Cf. Ac 10, 28.34-35).

N' ACCEPTE PAS TOUT AU NOM DE LA FOI.

Dieu peut tout et cela est indéniable. Et pourtant, il nous a aussi doté(e)s de la raison. Laisse donc la lumière de celle-ci t'éclairer souvent. Et n'accepte pas tout et n'importe quoi au nom de la foi.

FAIS-TOI RESPECTER.

Quand tu connais humblement ta valeur et qu'on refuse délibérément de la reconnaître, n'hésite pas à partir : une étoile est condamnée à toujours briller.

SAVOIR PARTIR À TEMPS.

Si tu as (presque) tout fait pour sauver une relation ou retenir une personne et que celle-ci, malgré tes efforts, veut partir, alors laisse-la s'en aller : c'est le signe éloquent qu'elle n'a plus rien de bon à t'offrir.

QUE RIEN NE CONTRÔLE TA VIE.

Si tu ne veux pas te retrouver dans une forme d'esclavage, alors ne laisse rien ni personne contrôler ou dominer ta vie. Car on devient toujours volontairement ou involontairement l'esclave de ce qui nous contrôle ou nous domine.

QUE RIEN NE TE SURPRENNE CHEZ UN HOMME

Ne te laisse pas surprendre ni même déstabiliser par la méchanceté de l'Homme. Parmi celles et ceux qui t'adulent aujourd'hui, il y a tes potentiels détracteurs de demain. Toi, fais ce qui te semble bon et bien, et avance sous le regard bienveillant de Dieu.

NE TE FAIS D'ILLUSION SUR PERSONNE.

Tant que tu n'as pas eu de problème avec une personne, ne prétends pas encore que tu la connais. Car, c'est en situation qu'on apprend à connaître véritablement une personne. C'est pourquoi tu ne dois donner à personne le bon Dieu sans confession.

DÉTROMPE-TOI.

Que plus rien ne te surprenne concernant les Hommes : Tout être humain peut être manipulé. Sois juste prudent et lucide désormais.

NE SOIS REDEVABLE À PERSONNE.

Si tu es redevable à une personne, alors arrange-toi, si tu le peux, soit à vivre en harmonie avec elle, soit à la rendre aussi redevable vis-à-vis de toi. Car, l'avenir est parfois plein de surprises, surtout désagréables.

RESPECTE TOUTE VIE !

La valeur d'une vie n'est pas déterminée par ce qu'elle peut apporter ou produire, mais plutôt par ce qu'elle est intrinsèquement sacrée ! Respecte donc toute vie.

SAIT-ON JAMAIS !

Respecte tout homme, qu'il soit pauvre ou riche, petit ou grand, enfant ou jeune, adulte ou vieux. L'un ou l'autre pourrait être un jour le maillon essentiel dont tu as besoin pour une ascension inattendue.

SOIS JUSTE HUMBLE DANS LA VIE.

Autant les jours se succèdent et ne se ressemblent pas, autant on n'est pas fort ou spirituel tout le temps. Sois donc humble, prudent et sage pour t'éviter le pire.

DIEU NE SE VOIT QUE DE DOS.

Dieu ne se voit que de dos. Alors sois vraiment modeste dans ton discours sur Lui et humble quand tu parles de ton expérience avec Lui aux autres.

QUE SAIS-TU VRAIMENT ?

Nul ne "dort" avec Dieu pour prétendre décréter qui ira en enfer ou au paradis. Nous serons bien surpris(es) !

RECONNAIS AUSSI TES DÉFAUTS.

Il n'y a pas de mal à voir, à reconnaître et à accepter ses limites, ses carences et ses défauts. C'est même un pas salutaire pour espérer s'amender, s'améliorer et devenir meilleur.

TA VRAIE NATURE SE RÉVÈLE TOUJOURS.

S'il est vrai que ce ne sont pas toujours les circonstances de la vie qui nous déterminent réellement, mais plutôt les choix que nous faisons face à celles-ci, il faut aussi admettre qu'elles peuvent soit nous dénaturer, soit révéler notre vraie nature.

FAIS LE BIEN ET N' ATTENDS RIEN EN RETOUR.

Si tu attends la reconnaissance des hommes pour chaque bon acte posé ou tout service rendu, alors tu seras très vite déçu et malheureux. Apprends plutôt à faire le bien par amour, par principe et par conviction. La nature et le Ciel se chargeront de te récompenser au-delà et au-dessus de toute attente et de toute espérance.

LA VIE TE RETOURNE CE QUE TU Y SÈMES.

À quoi t'attends-tu, quand tu causes le malheur et la souffrance d'autrui ?
À quoi t'attends-tu, quand tu dénigres, sabotes et détruits le travail de l'autre ?
À quoi t'attends-tu quand, par ta méchanceté, l'autre n'est plus que l'ombre de lui-même ?
À quoi t'attends-tu vraiment, quand tu brises la relation et l'espoir de l'autre ?
N'oublie pas que la vie est comme la mer. Elle nous renvoie toujours ce qu'on y jette.

LA RECONNAISSANCE PROVOQUE AUSSI DES OPPORTUNITÉS.

La reconnaissance est, au-delà d'être un signe éloquent d'une bonne éducation, la capacité à apprécier et à reconnaître à sa juste valeur un bienfait. Elle est, pour ce faire, le moyen de provoquer d'autres opportunités et la possibilité de rencontrer un cœur généreux.

SOUVIENS-TOI TOUJOURS.

N'oublie pas ces femmes et ces hommes qui, d'une manière ou d'une autre, ont été une bénédiction et une faveur de Dieu dans ta vie. Les avoir rencontré(e)s, ne serait-ce qu'un jour, est un signe que ces personnes, d'une certaine manière, font partie de ta destinée.

USE DE TA LIBERTÉ DE MANIÈRE RESPONSABLE.

Être libre, c'est moins faire ce qu'on veut, comme on le veut et quand on le veut sans jamais tenir compte des autres et de leurs libertés, de son milieu et son contexte de vie. C'est plutôt agir, tout en étant fidèle à soi-même et ses convictions, de manière constructive, responsable et dans le respect des autres et des lois.

APPRENDS À RIRE DE CERTAINES SITUATIONS.

Si tu sais rire de certaines situations, même celles qui peuvent te faire souffrir, alors tu sauras consacrer, désormais, ton énergie à tout ce qui peut te construire, te grandir et te permettre de réaliser tes rêves. Il n'y a que cela qui doit retenir et mobiliser vraiment ton attention.

NE VOIS ET NE PRENDS PAS TOUT EN MAL.

Ne vois pas tout en mal dans ce qui t'arrive : il y a des frustrations, des humiliations et des échecs qui sont en eux-mêmes des opportunités inouïes. Prends donc du recul par rapport à ce qui t'arrive et saisis ce que tu peux en tirer pour te repositionner dans la vie.

VOIS TOUJOURS PLUS LOIN !

Pense toujours à demain avant de dire, faire et décider quoi que ce soit. Car tes dires, actes et décisions d'aujourd'hui peuvent d'une manière ou d'une autre soit compromettre, soit garantir ton avenir.

SACHE T'ENTOURER.

Pour atteindre certains objectifs dans la vie, tu auras certainement besoin de tout le monde (petites et grandes gens). Mais pour aller plus loin, te hisser au sommet et t'y maintenir, tu devras savoir t'entourer de belles et compétentes personnes.

NE METS PAS TA VIE EN PÉRIL.

La vie est une chose sérieuse et la tienne est trop précieuse. Ne laisse donc pas tout et n'importe qui y entrer et en sortir. Tu pourrais le regretter. Très amèrement.

CONSTRUIS TA VIE SUR LA VÉRITÉ.

Le mensonge a certes de longs pieds, mais il finit toujours par être rattrapé et démasqué avec le temps. Toi donc, construis ta vie sur la vérité, quel que soit le prix : c'est le moyen sûr de t'assurer un lendemain sans écueils (problèmes).

NE COMPROMETS PAS TON BEL AVENIR.

Si tu aspires à de grandes choses, alors ne trempe pas dans des affaires compromettantes et ne laisse pas ton nom être associé à rien qui soit condamnable. Car notre passé, tôt ou tard, nous rattrape au moment où on s'y attend le moins.

ARRÊTE D' EXPOSER TA VIE ET TES EXPLOITS.

Arrête de parler de ta vie à tout le monde et d'exposer tes réussites sur la place publique. Car, quand on sait tout de toi, tu as échoué d'avance. Apprends plutôt à parler de ta vie à Dieu et de Dieu à tes problèmes. Lui au moins, à défaut de te répondre sur le champ, ne rendra pas publique ton histoire, mais mettra tout en œuvre pour te donner une suite.

NE RADICALISE PAS TA POSITION.

La vie est tellement imprévisible qu'il faut apprendre à ne jamais se radicaliser, encore moins radicaliser sa position. Cherche plutôt à tenir une position qui, quelle que soit la situation, promeut toujours le vivre-ensemble et laisse la porte grandement ouverte au dialogue.

AIE UNE ATTITUDE MANIABLE DANS LA VIE.

Ne fais pas de fixation ni sur les choses ni sur les manières dont elles devront se produire. Sois plutôt flexible, et discerne tout avec un cœur froid. Car la bénédiction, la faveur et la grâce de Dieu pour ta vie ne viendront pas toujours dans l'emballage souhaité.

SOIS CONCILIANT (E).

Ne laisse jamais ton ego t'enfermer dans une décision radicale. Donne-toi plutôt la possibilité de pouvoir revenir tôt ou tard sur ta décision, si jamais ta position venait à évoluer : la vérité issue des émotions du moment peut changer avec le temps.

ON NE TE DOIT RIEN !

Prends soin de toi et surtout donne-toi, à toi-même, ce dont tu as réellement besoin pour être heureux(se). Et arrête surtout de croire et même penser que les autres te devraient quelque chose : on ne te doit rien, même pas Dieu Lui-même.

SACHE À QUI TU FAIS CONFIANCE.

Faire confiance comporte toujours en soi un risque : accorder ta confiance à une personne, c'est aussi lui donner indirectement la possibilité de te détruire un jour. Sache donc à qui tu fais vraiment confiance !

AJUSTE LES MOTIFS DE TON ENGAGEMENT.

Si tu ne veux pas souffrir gratuitement dans tes relations amicales et amoureuses, alors, réajuste les motifs de ton engagement dans celles-ci : certains sont parfois trop personnels et surréalistes.

AIE UN COMPORTEMENT INTÈGRE.

Il n'est peut-être jamais tard, dit-on souvent. Mais il est préférable que ton nom, ta personne et ton image ne soient associés d'aucune manière à des situations qui pourraient déterminer négativement ton avenir et celui de tes proches. C'est pourquoi il faut aussi bien réfléchir à tes choix, tes propos et tes actes qu'à leurs conséquences. C'est même la meilleure possibilité que tu as pour éviter à toi-même et à tes proches des souffrances inutiles.

RESPECTE LA PAROLE DONNÉE.

Les femmes et les hommes qui parlent, et même trop, on les trouve presque à tous les carrefours. Mais, celles et ceux qui respectent leurs paroles sont une denrée rare. Or, une femme ou un homme ne vaut que par le respect de sa parole et surtout si celle-ci transmet la vie.

SOIS JUSTE TRANSPARENT

Si tu veux être bien conseillé(e), alors, sois objectif(ve) et surtout honnête dans ce que tu dis à ton conseiller : on est bien ou mal conseillé, en fonction du narratif qu'on présente.

AIE LE SELF-CONTROL.

Apprends à garder ton calme, quelle que soit la situation. Car les émotions sont mauvaises conseillères. Tu pourrais sous leurs effets commettre l'irréparable.

APPRENDS À FAIRE LA PAIX AVEC TON PASSÉ.

Il est parfois plus sage de faire la paix avec son passé que de vouloir à tout prix l'enterrer et l'oublier. Car, il y a des expériences vécues qui ont la peau dure. Lorsqu'on croit les avoir classées pour de bon dans le tiroir du passé, elles resurgissent de manière imprévisible, au détour d'une rencontre singulière ou d'une situation bouleversante.

II.   REPRENDRE EN MAIN SA VIE

TU ES UNE MERVEILLE !

Si tu veux bâtir ta vie avec succès, être en paix avec toi-même et vivre heureux, alors commence par reconnaître qui tu es ; apprends à apprécier ce que tu as, à aimer ce que tu fais et à célébrer tes petits succès de chaque jour. Car, on ne bâtit véritablement sa vie qu'à partir de ses qualités et jamais à partir de ses défauts.

TU ES UN DON DE DIEU FAIT À TOI-MÊME

Parmi les charismes que Dieu donne pour l'édification de la communauté, seul l'Homme est en soi l'unique charisme, don fait d'abord et avant tout à lui-même. Il est don d'abord pour lui-même en vue de s'édifier, se construire, se réaliser et accomplir la raison d'être de son être-là au monde (sa présence sur la terre). C'est la prise en compte – et au sérieux – de cela et les efforts en ce sens qui peuvent lui permettre ensuite de devenir efficacement et réellement une bénédiction, un miracle et un cadeau divin pour le monde, pour sa communauté de vie et de travail, sa famille, ses ami(e)s et toutes celles et tous ceux qui l'approchent ou le fréquentent.

ÉCOUTE-TOI.

Apprendre à s'écouter est le moyen de se comprendre, de saisir ses sentiments et ses émotions. C'est également la chance soit d'éviter le pire, soit de prendre une décision précieuse pour sa vie.

SAVOIR QUI TU ES CHANGE TON ATTITUDE DANS LA VIE.

Les choses te résistent encore dans ta vie parce que certainement tu ignores profondément qui tu es, contre qui tu es adossé(e), avec qui tu avances et de quoi tu es vraiment capable. Prends d'abord conscience de cela, ensuite intègre-le et enfin change ton attitude. Tu constateras que la résistance se soumettra (au calme).

TON APPRÉHENSION DE LA VIE DÉTERMINE LA TIENNE.

La manière dont tu appréhendes la vie détermine la façon dont tu organises et conduis la tienne. Si tu la vois comme une chance inouïe, alors tu t'investiras à la rendre belle et heureuse. Et cela, malgré tout.

CONCENTRE-TOI SUR TA VIE

Dans la vie, on tourne parfois en rond parce qu'on est distrait, déconnecté de soi-même, préoccupé et trop pressé d'avoir la vie des autres. Toi, concentre-toi, en revanche, sur ta vie, le don inestimable reçu de Dieu, et sur tes objectifs.

ÊTRE HEUREUX, C'EST UN CHOIX PERSONNEL.

Si tu veux être heureux, alors ne laisse à personne, ni même aux circonstances, le soin de décider pour toi. Écoute plutôt ton cœur avec raison et choisis toi-même ce qui est bon pour toi.

LA JALOUSIE EST AUSSI UN MANQUE DE FOI.

Être jaloux de la réussite de son prochain, c'est manquer ouvertement de foi en un Dieu si bon et généreux qui a posé en chacun, dans le silence de sa présence et la force de son Esprit, les moyens, les ressources et le potentiel nécessaires et suffisants pour faire de sa vie un chef-d'œuvre, un miracle, une bénédiction et une réussite.

PARS DE CE QUE TU AS POUR ATTEINDRE CE QUE TU VEUX.

La vie ne te donnera pas toujours ce que tu veux. Mais, tu peux partir de ce qu'elle t'offre pour atteindre ce que tu veux. C'est une question de résilience et surtout de confiance en l'auteur de tout succès : Dieu.

FAIS BIEN CE QUE TU PEUX

Ne cherche à te comparer à personne. Poursuis jalousement tes objectifs. Fais ce que tu peux pour réussir, et laisse tes résultats attirer à toi la reconnaissance. Dieu, Lui, gère le reste.

FAIS DE BONS CHOIX DANS TA VIE.

Rien ne vaut la vie. On n'en a qu'une. Ne la compromets donc pas par des choix hasardeux qui risquent de la ruiner. Et peut-être pour de bon.

LA CHANCE SE PROVOQUE.

La "chance" n'est jamais le fruit d'un hasard. Elle se provoque parfois par un travail fait avec passion, originalité et créativité. Elle est également et surtout la manifestation de la largesse de Dieu.

UTILISE À BON ESCIENT LES OPPORTUNITÉS DANS TA VIE.

Les opportunités dans la vie sont parfois très rares. C'est pourquoi, quand tu en as une, profites-en pour montrer ce que tu es capable de faire. Cela peut être déterminant pour la suite de ta vie.

SOIS BON ET TRAVAILLEUR.

Si tu veux aller loin dans la vie, alors, ne te précipite jamais, ne te compare à personne, ne jalouse pas la réussite des autres et ne souhaite ou ne fais du mal à personne. Donne-toi plutôt le temps d'apprendre et de te former, de t'inspirer de la réussite des autres, de trouver ton chemin et de croire en toi-même. Dieu se chargera du reste.

AGIS PARFOIS DIFFÉREMMENT.

Agir différemment est, d'une certaine manière, faire acte de foi ; foi en la richesse variée et diversifiée dont le Créateur a comblé les Hommes et ce monde. C'est pourquoi seuls celles et ceux qui laissent manifester cette richesse, en faisant les choses autrement, réussissent à coup sûr.

SUIS TON INTUITION ET AGIS CONSÉQUEMMENT.

Si tu veux toucher les cœurs et marquer profondément les esprits, alors suis ton intuition, cette voix de Dieu en toi. Matérialise-la surtout avec passion et humilité. Car, ce qui vient de Dieu rejoint à coup sûr les autres et les marque toujours.

III. OUVRIR LA VIE EN POSSIBILITÉ

LA DIVERSITÉ EST UNE RICHESSE.

L' unité n' est jamais l' uniformité ou la conformité, mais plutôt la capacité à unir de manière constructive les différences pour en faire un lieu d' enrichissement mutuel.

L' UNITÉ, UNE CHANCE.

Il y aurait eu tant de progrès faits, de vies sauvées, de familles unies et un monde meilleur, si des femmes et des hommes, malgré tout, avaient accepté de se parler franchement, de revoir leurs positions, de trouver des compromis et de construire des ponts entre eux pour l'intérêt général. Car, il y a plus à gagner en étant unis qu'en étant divisés.

DEVIENS PASSEUR DE VIE.

Dieu nous a posés dans l'existence et dans un lieu précis du monde afin que nous devenions là, au quotidien, passeurs de vie : relais d'amour gratuit, catalyseurs d'espérance, détecteurs et promoteurs de talents, etc.

AIE LE CŒUR SUR LA MAIN.

Sois généreux quand tu peux. Donne surtout avec joie et en respectant la dignité de celui ou celle qui reçoit. Le bonheur procuré te reviendra tôt ou tard : c'est l'investissement le plus sûr dans le grenier de la vie.

PASSE, MAIS LAISSE DES TRACES POSITIVES.

Dans la vie, nos œuvres révèlent ce que nous sommes et leur qualité témoigne toujours en notre faveur. C'est pourquoi, quels que soient le lieu et le temps que tu y passes, laisse toujours des traces qui rappelleront qu'une femme ou un homme de valeur y est passé(e).

RENDS TON ENVIRONNEMENT PROPICE À TA RÉUSSITE.

Réussir sa vie dépend parfois moins du talent et du travail que de l'environnement dans lequel l'on évolue ou que l'on crée autour de soi. Rends ton environnement propice et favorable à ta réussite. Cela commence par une qualité de vie, un rapport intelligent et humain avec les autres et un choix sélectif des fréquentations.

SOIS IMPACTANT POUR LES AUTRES.

La véritable grandeur consiste moins à influencer le quotidien des autres ou à contrôler leur liberté qu'à devenir une « impactation » divine, un catalyseur de talents et une véritable chance.

IV.   S'AFFRANCHIR DU DÉTERMINISME ET DES LIMITES

APPRENDS DE TES ERREURS ET AVANCE.

On s'améliore, apprend et grandit non pas uniquement à partir de ses erreurs, mais bien de ce que celles-ci nous ont appris. Tire donc de tes erreurs la leçon de vie, et avance.

NAIE PLUS HONTE DE TES ERREURS
Courage dans la confiance au Dieu qui, le premier, t'a aimé et, plus que toi-même, te connais : de tes erreurs même, Il fait toujours surgir des conséquences bénéfiques.

RAPPELLE À TON PASSÉ LA BELLE PERSONNE QUE TU ES DEVENUE.

Si ton passé resurgit pour t'accuser et te condamner, alors montre-lui ce que tu es devenu(e) aujourd'hui. Rappelle-lui surtout que tu es passé(e) à autre chose. Car Jésus a payé le prix, pour cette vie, une fois pour de bon.

VIS EN PAIX AVEC TOI-MÊME.

Le mal-être et les conflits intérieurs sont un danger pour une vie épanouie et heureuse. Vis donc ta vie en harmonie avec tes convictions profondes et fais ce qui te construit et te rend heureux(se).

NE TE LAISSE PAS ATTEINDRE PAR DES PROPOS QUI BLESSENT.

N'accorde pas de l' importance ni même de l'attention aux propos de ces personnes qui ne disent leur vérité que pour blesser. Car, quand on aime et veut le bien d'une personne, on ne lui parle jamais dans l'intention de la blesser.

PRÉSERVE TON CŒUR.

Préserve ton cœur du mal, même si on veut tout te prendre, te traiter de tout et même te faire passer pour ce que tu n'es pas, juste parce que tu déranges. Toi, fais plutôt tout ce qui t'est humainement possible pour rétablir la vérité, et laisse le Dieu de ta foi vivante agir.

NE CULPABILISE PAS TOUT LE TEMPS.

Arrête de te culpabiliser ou d'en vouloir à tes Ancêtres. Car, tout ce qui t' arrive de négatif dans la vie n'est pas nécessairement une conséquence de ton péché ou des pratiques de tes ancêtres, mais pour que Dieu se glorifie aussi dans ta vie (cf. Jn 9).

TROUVE L' ORIGINE DE TES DIFFICULTÉS.

Aussi longtemps qu'on vivra sur cette terre, on sera toujours confronté aux difficultés de tous ordres. Mais, connaître leur nature réelle est la clé pour mieux les affronter et leur trouver une réponse efficace.

NE SOIS PAS UN "SUIVEUR".

Dieu a créé ce monde pour que chacun y trouve sa place, s'y déploie, réussisse sa vie et soit heureux. Nul n'est donc destiné dans ce monde à être un "suiveur" invétéré.

SOIS AMBITIEUX.

Rêve Grand,
Vois Loin,
Ne t'impose pas de limite,
Travaille dur pour être heureux.
S'il t'arrive de tomber,
Relève-toi, et Avance ···

TU PEUX RÉALISER TON RÊVE.

Il est permis de rêver, même grand. Mais seuls celles et ceux qui allient passion, courage, détermination et surtout réalisme, réussissent à passer du rêve à sa réalisation. En commençant toujours petitement.

SOIS INVENTIF.

Si tu veux réussir ta vie, alors n'aie surtout pas peur de te distinguer par ton originalité. Car, l'imitation précipite dans l'ombre de celle ou celui qui est imité(e), alors que l'originalité conduit inévitablement à la lumière.

DEVIENS UN PEU PLUS, CHAQUE JOUR.

Si "la gloire de Dieu, c'est l'homme vivant (...)" (St. Iréné de Lyon), alors tu ne dois pas, dans une certaine proportion, te contenter de ce que tu es ou as aujourd'hui, encore moins de ce que tu sais ou sais faire actuellement : tu peux encore plus. D'ailleurs, être, c'est devenir un peu plus chaque jour ; c'est se déployer à tous égards de sorte à inscrire et transcrire, dans la banalité quotidienne de l'histoire, son être profond et son identité particulière.

ACCOMPLIS AVEC PASSION ET PROBITÉ TON TRAVAIL.

Travaille avec passion, abnégation, honnêteté et de manière structurée et responsable. Ainsi, tu ne feras pas que gagner ta vie noblement, mais tu lui donneras aussi la chance de devenir un lieu de grande fierté.

SACHE RELEVER TES DÉFIS.

Il y a des défis que tu ne relèveras jamais, tant que tu n'auras pas de position claire et l'attitude qui va avec. Le changement est à ce prix.

CONCLUSION

Mon maître, le regretté Jean Sinsin Bayo, disait, et je cite : « C' est ce qu' on est qui se déploie en écriture ». Il prononçait ces mots en réponse à celles et ceux qui lui reprochaient de ne pas écrire de livre.

Selon Jean Sinsin Bayo, écrire pour partager son expérience de la vie, s' exprimer sur des sujets tout aussi importants, exposer son point de vue sur des événements de la vie et exprimer sa perception de la réalité constituent un exercice hautement important et sérieux. Il soutenait qu' il est donc nécessaire d' avoir quelque chose de consistant, de solide et d' éprouvé à dire pour s' y engager. À ses yeux, seul celui ou celle qui a traversé la vie d' une certaine manière peut prétendre communiquer son expérience à travers l' écriture. La question demeure : avait-il tort ou raison ? Je ne saurais y répondre.

Toutefois, je remarque qu' il y a une part de vérité dans sa pensée, car dans ce que l' on exprime, dit et écrit, il y a toujours quelque chose qui nous révèle, qui trahit ce que nous sommes devenus au fil des ans, à travers l' impact des événements divers et des circonstances changeantes de la vie. Ainsi, écrire, c' est aussi prendre le risque de révéler, en levant le voile sur cette partie de nous qui ne se dévoile pas toujours immédiatement. Pour moi, la question est de savoir ce que je veux réellement communiquer lorsque je me mets à écrire. Je crois que c' est ce que la vie m' a offert en termes d' expériences, d' apprentissages, de connaissances et de compréhensions partielles, et que je pense pouvoir être utile, ne serait-ce qu' à une tierce personne. Aider les autres à s' élever un peu plus chaque jour au-dessus d' eux-mêmes et à tendre vers l' au-delà de tout, c' est montrer comment, étant déjà tendu vers cet idéal, l' on prend au sérieux cette responsabilité envers l' histoire et envers Celui qui nous a appelés à l' existence et nous y maintient en son Fils, et dans la force de son Esprit, c' est-à-dire Dieu.

Comme moi je n' ai pas encore traversé entièrement la vie, ne me trouvant encore qu' à ses abords, j' ai néanmoins décidé de m' adresser aux autres en me parlant à moi-même, afin de m' offrir la chance de traverser au mieux la vie en y laissant « des traces vivaces », pour utiliser une expression de Jean-Paul Eschlimann.

Ainsi, « L'autre regard, un art de s'adresser aux autres en se parlant à soi-même » qui reflète une perspective personnelle sur divers sujets, comme vous avez pu le constater, en partant de ma position dans la vie, de mon angle de regard et de ma relation avec moi-même, avec les autres, avec le monde et avec l'Invisible, reste fondamentalement un point de vue. C'est précisément cela qui confère à ce recueil de pensées, avant tout, une véritable invitation à dialoguer avec son auteur et surtout avec soi-même, afin de s'engager à ouvrir nos vies à des possibilités insoupçonnées. Alors, que le dialogue s'amorce.

BIBLIOGRAPHIE

Catéchisme de l'Église Catholique, édition définitive, 1997.

HOYEAU, Céline, *La trahison des pères. Emprise et abus des fondateurs de communautés nouvelles,* Montrouge, Bayard, 2021.

JULLIEN, François, *Dieu est dé-coïncidence*, Genève, Labor et Fides, 2024.

JULLIEN, François, *Une seconde vie*, Paris, Grasset, 2017.

KOGNAN, Diané Basile, *Délivre les miens du mal. Complaintes et prières. Exorciser enfin l'Afrique !* Saint-Denis, Publibook, 2018.

La Bible de Jérusalem, Paris, Cerf, 2011.

PACOT, Simone, *L'évangélisation des profondeurs. Vers l'unité intérieure,* Paris, Cerf, 1997.

PÉPIN, Charles, *La confiance en soi,* Paris, Allary Éditions, 2018.

PÉPIN, Charles, *La rencontre, une philosophie,* Paris, Allary Éditions, 2021.

PÉPIN, Charles, *Vivre avec son passé, une philosophie pour aller de l'avant,* Paris, Allary Éditions, 2023.

PINGEOT, Mazarine M., *Vivre sans, une philosophie du manque,* Mayenne, Climats, 2024.

YOMI, Serge-Faustin, *Rites funéraires et Foi chrétienne chez les Agnis sanwis de Côte d'Ivoire. Chemin d'une ecclésiologie de dialogue,* Paris, L'Harmattan, 2023.

Table des matières

yes I want morebooks!

Buy your books fast and straightforward online - at one of world's fastest growing online book stores! Environmentally sound due to Print-on-Demand technologies.

Buy your books online at
www.morebooks.shop

Achetez vos livres en ligne, vite et bien, sur l'une des librairies en ligne les plus performantes au monde!
En protégeant nos ressources et notre environnement grâce à l'impression à la demande.

La librairie en ligne pour acheter plus vite
www.morebooks.shop

Printed by Books on Demand GmbH, Norderstedt / Germany